PICTURE BOOK

GEMSTONES OF MADISON COUNTY MO

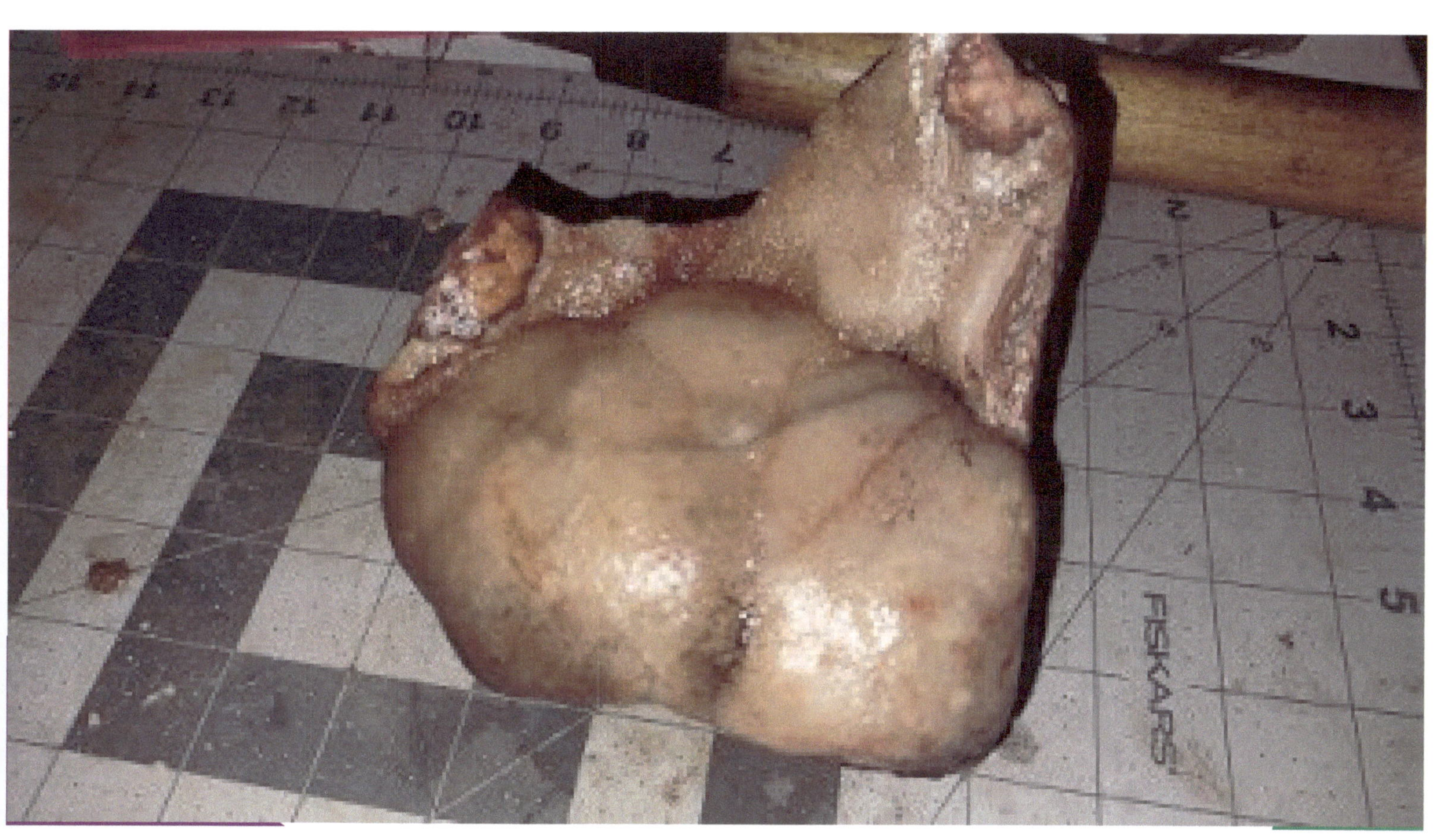

FISKARS

FISKARS

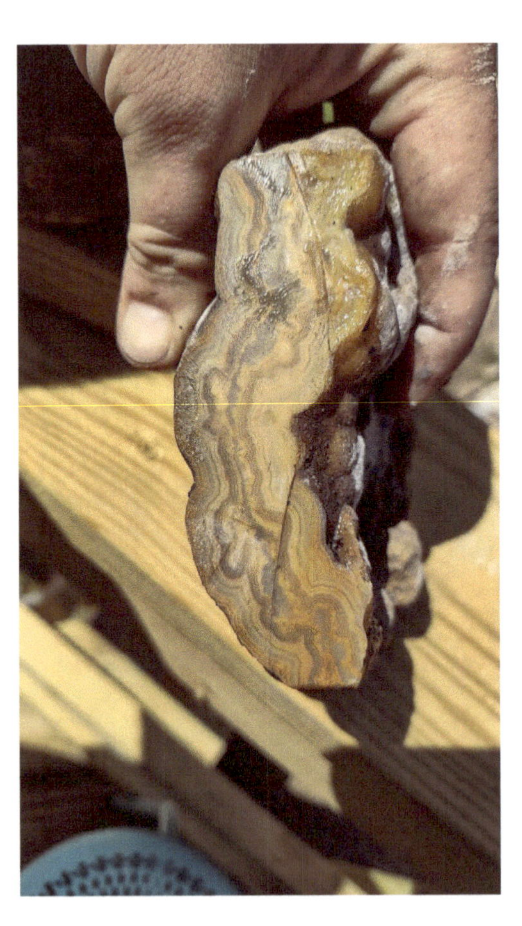

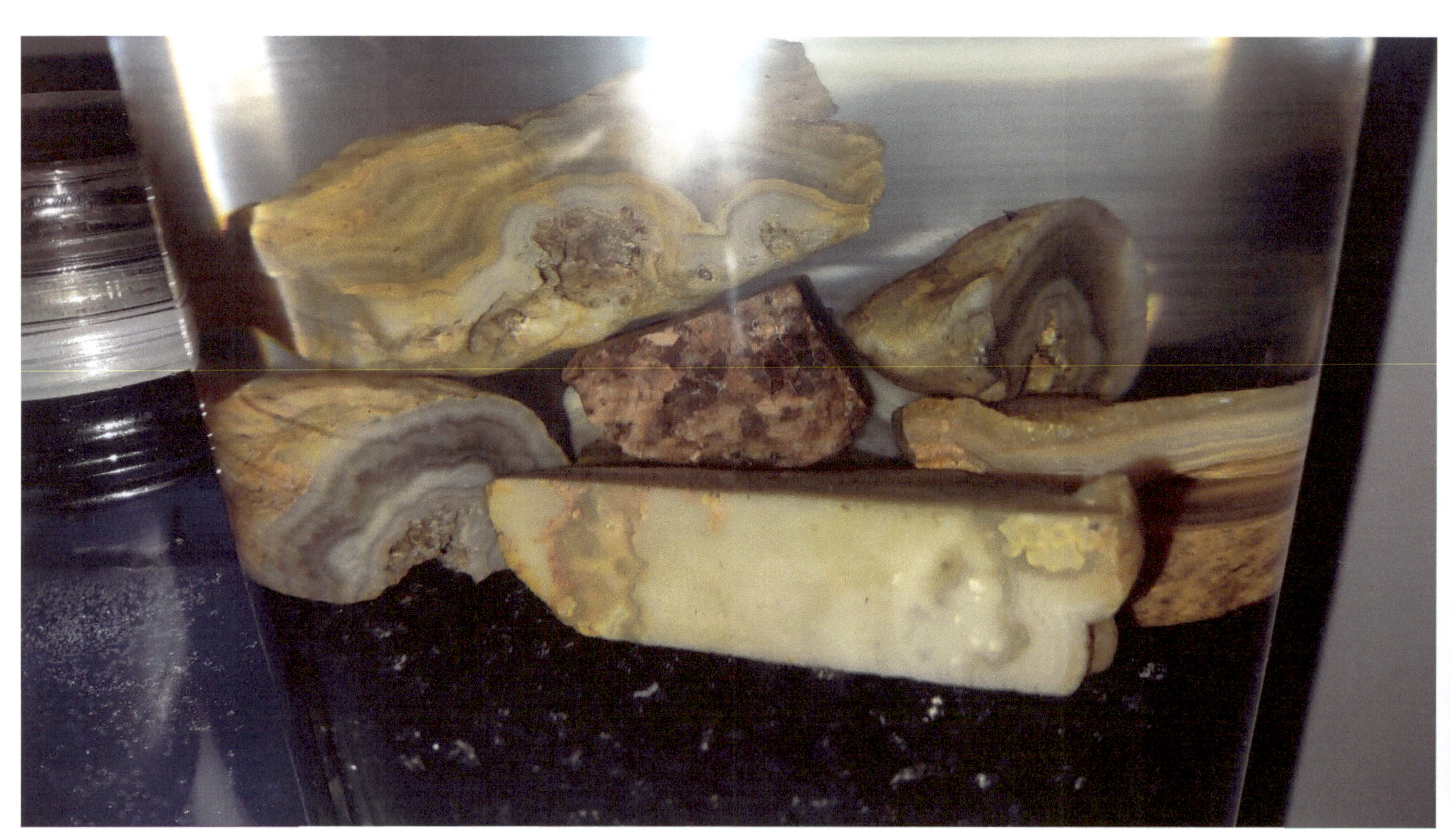

CAUTION Avoid cutting repeatedly in the sa...
...ssive pressure to avoid cut through. Avoid extreme cold.
...itez de couper à maintes
...ression excessive ...rême, la
8

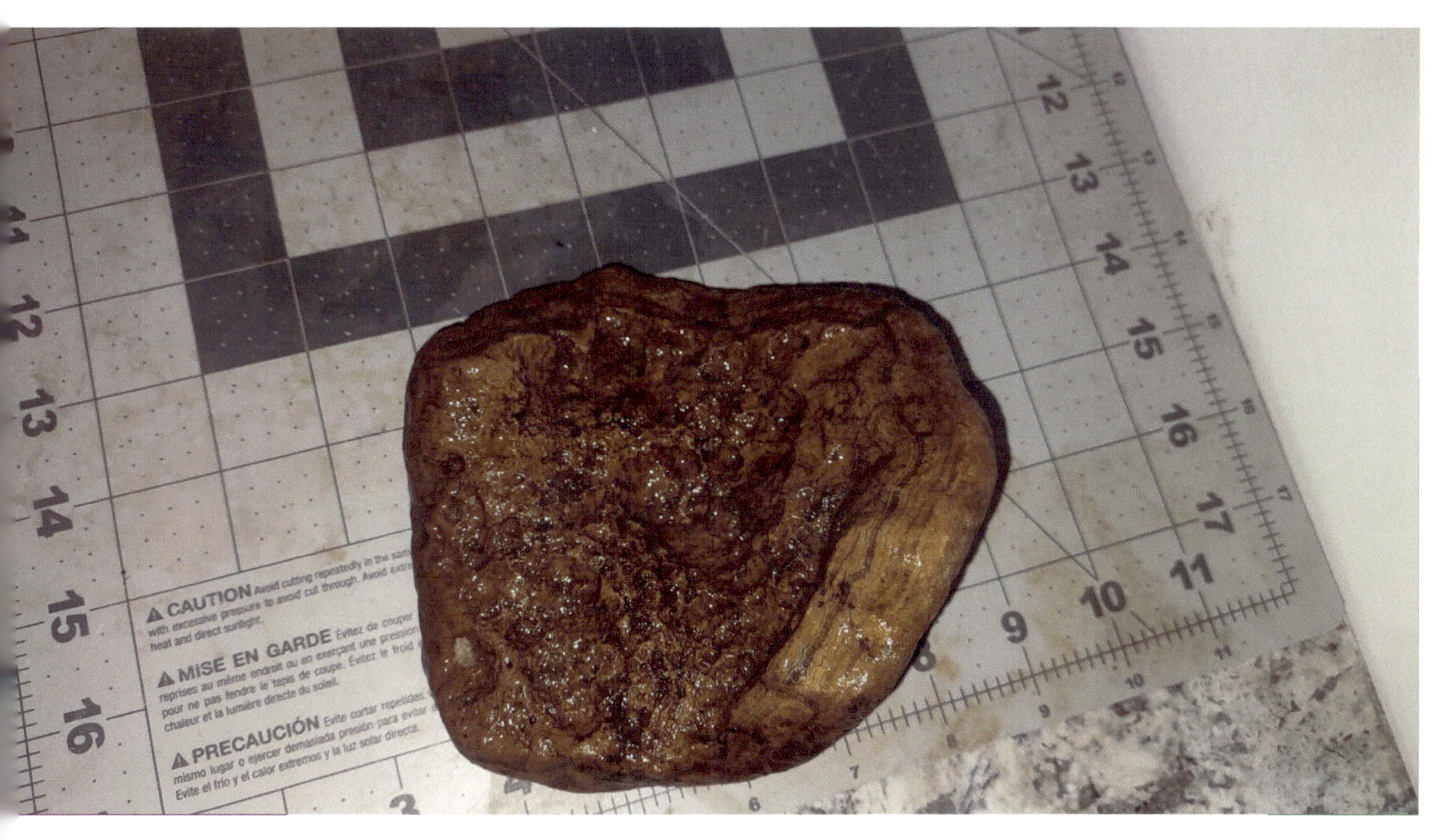

CAUTION Avoid cutting repeatedly in the same
with excessive pressure to avoid cut through. Avoid extre
heat and direct sunlight.
MISE EN GARDE Évitez de couper
reprises au même endroit ou en exerçant une pression
pour ne pas fendre le tapis de coupe. Évitez le froid
chaleur et la lumière directe du soleil.
PRECAUCIÓN Evite cortar repetidas
mismo lugar o ejercer demasiada presión para evitar
Evite el frío y el calor extremos y la luz solar directa.

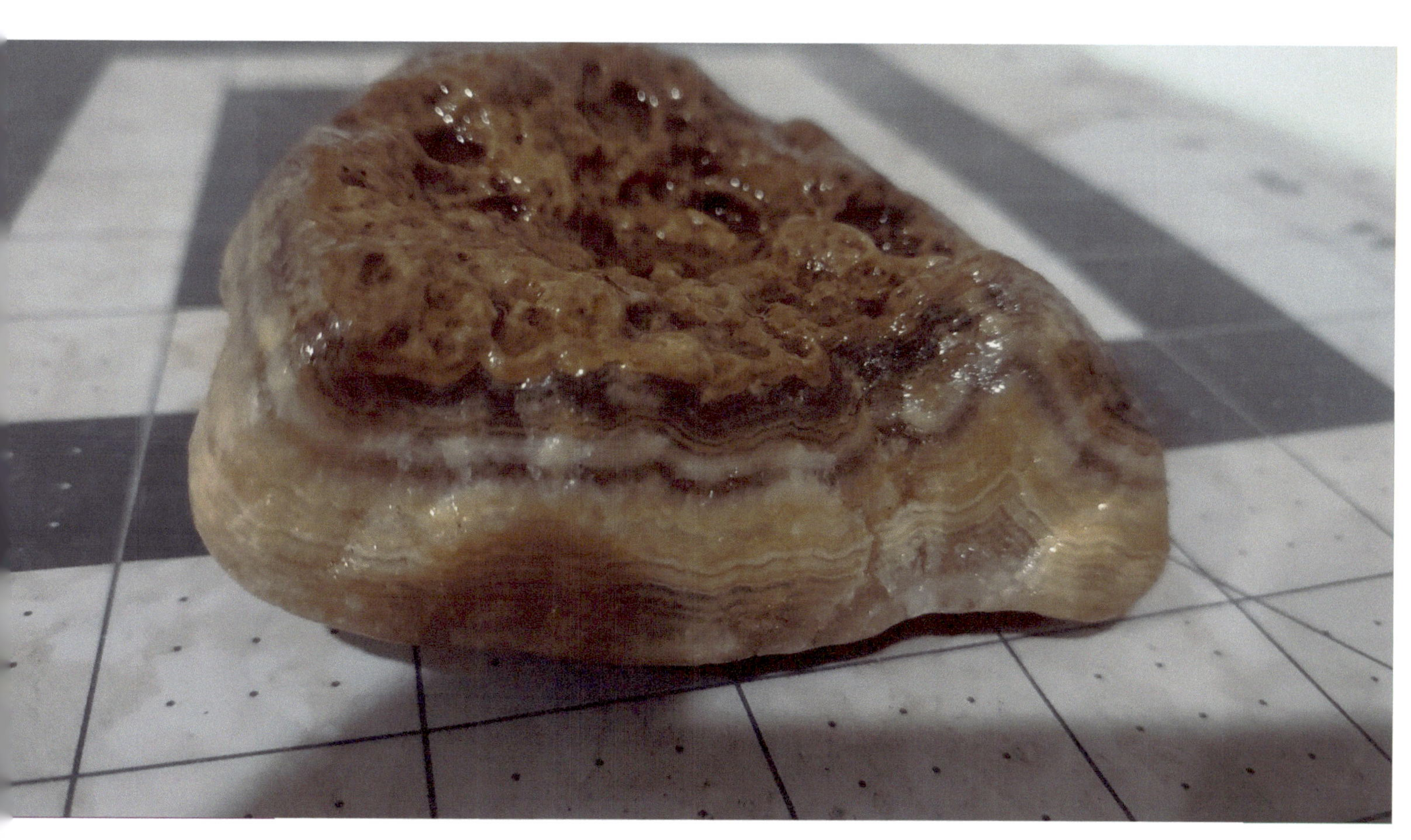

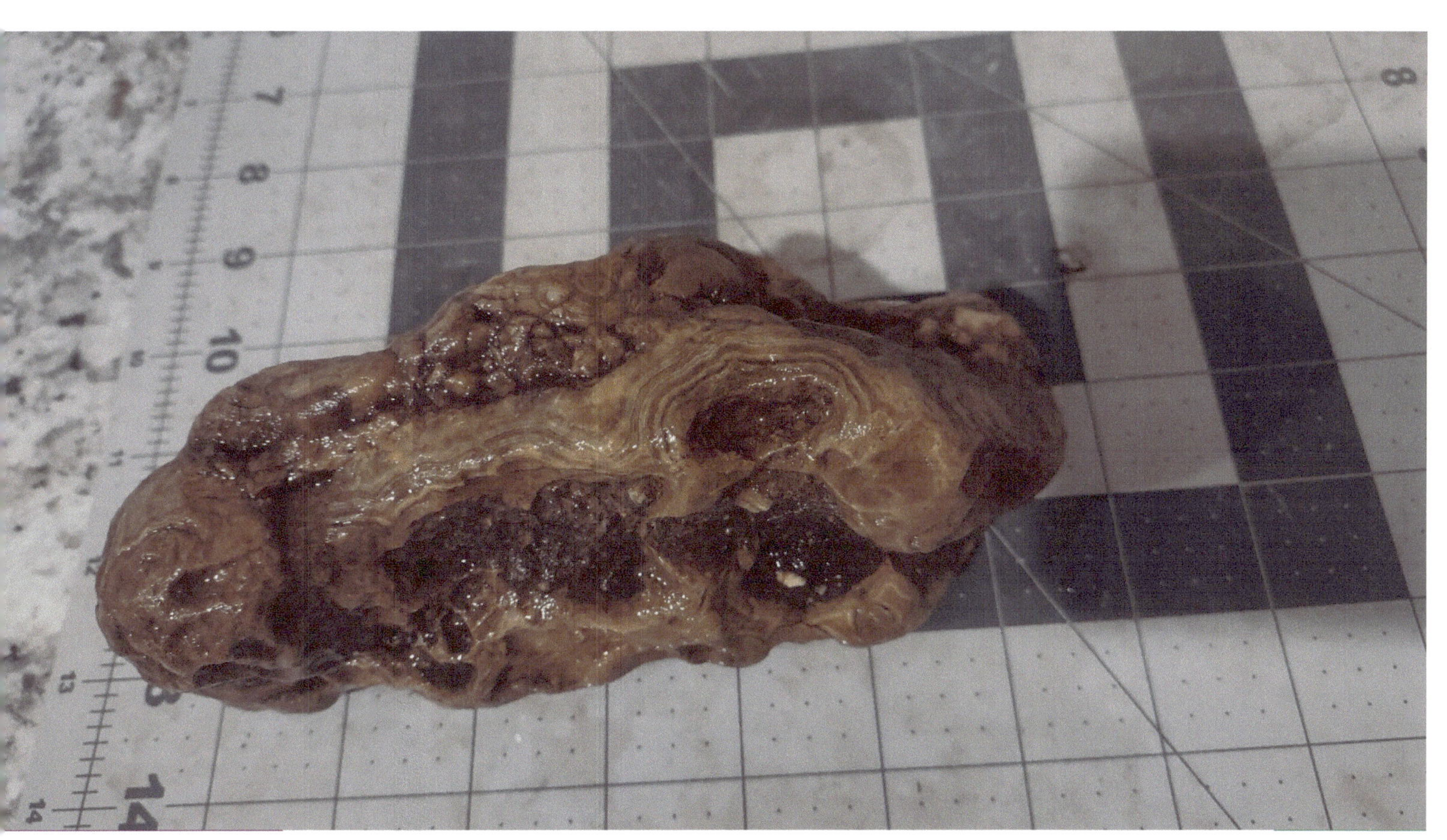

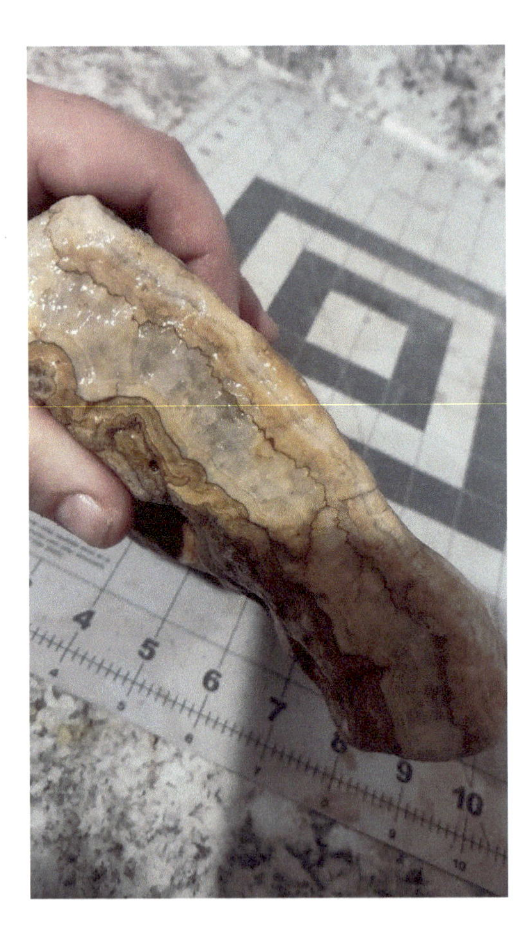

CAUTION Avoid cutting repeatedly in the sa
with excessive pressure to avoid cut through. Avoid extr
heat and direct sunlight.
MISE EN GARDE Évitez de couper à mai
reprises au même endroit ou en exerçant une pression excessi
pour ne pas fendre le tapis de coupe. Évitez le froid extrême, la
chaleur et la lumière directe du soleil.
PRECAUCIÓN Evite cortar repetidas veces en el
mismo lugar o ejercer demasiada presión para evitar atravesarla.
Evite el frío y el calor extremos y la luz solar directa.

repeatedly in the same spot
Avoid cut through. Avoid extreme cold,
direct sunlight.
MISE EN GARDE Évitez de couper à maìntes
même endroit ou en exerçant une pression excessive
coupe. Évitez le froid extrême, la

11
12
13
14
15
⚠ CAUTION Avoid cutting repeatedly in the same spot or

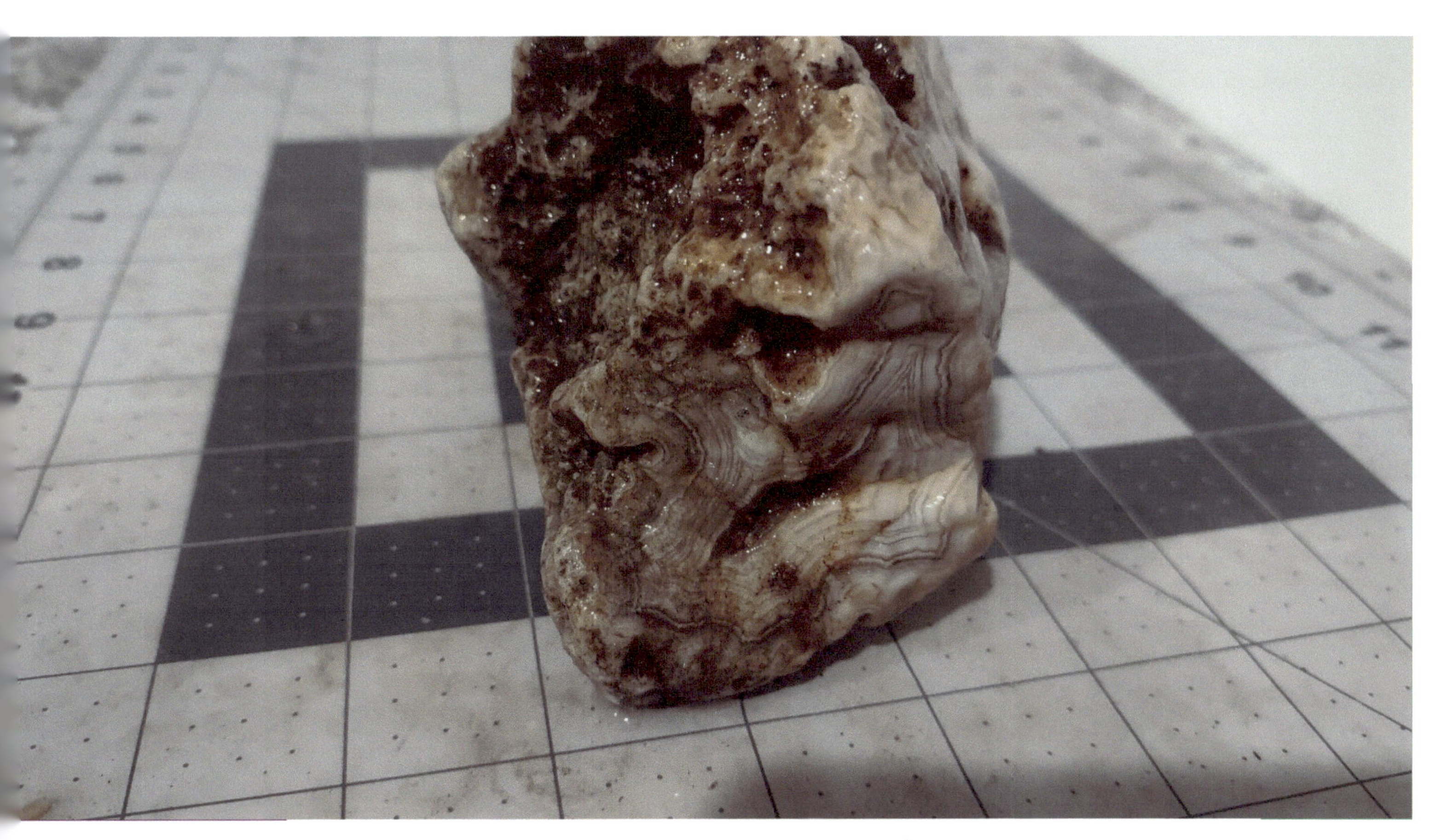

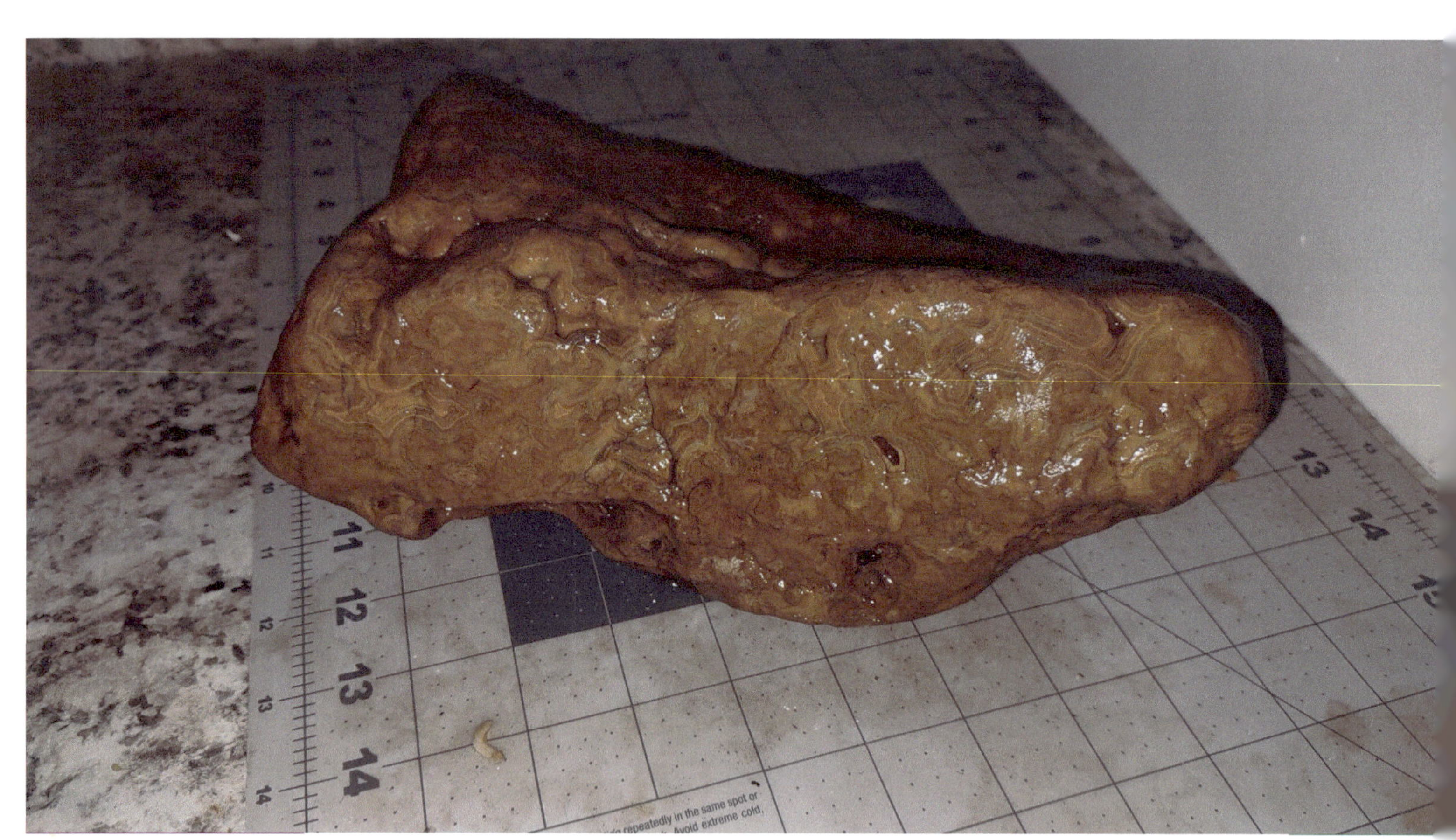

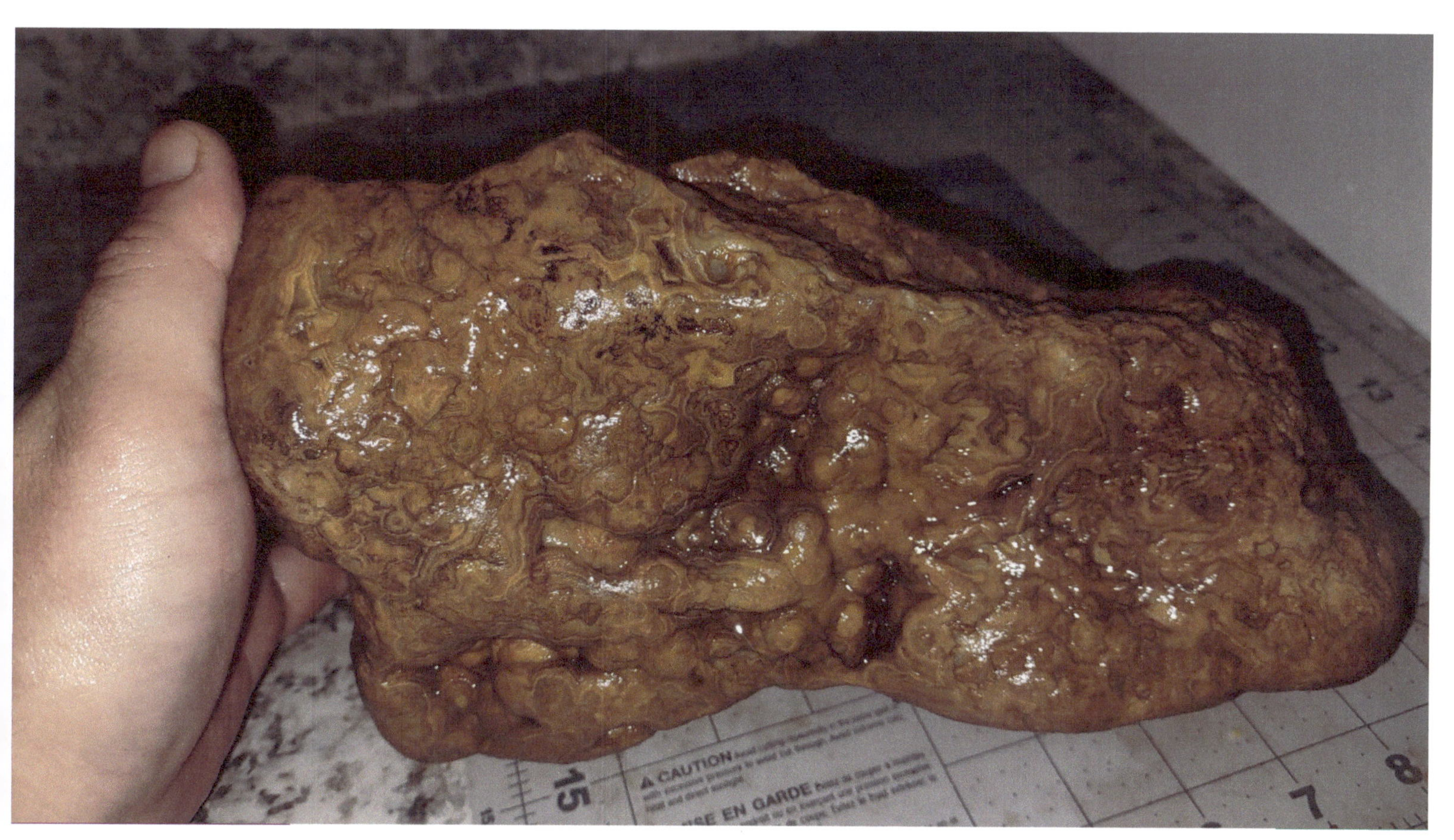

15
⚠ CAUTION
EN GARDE
7
8

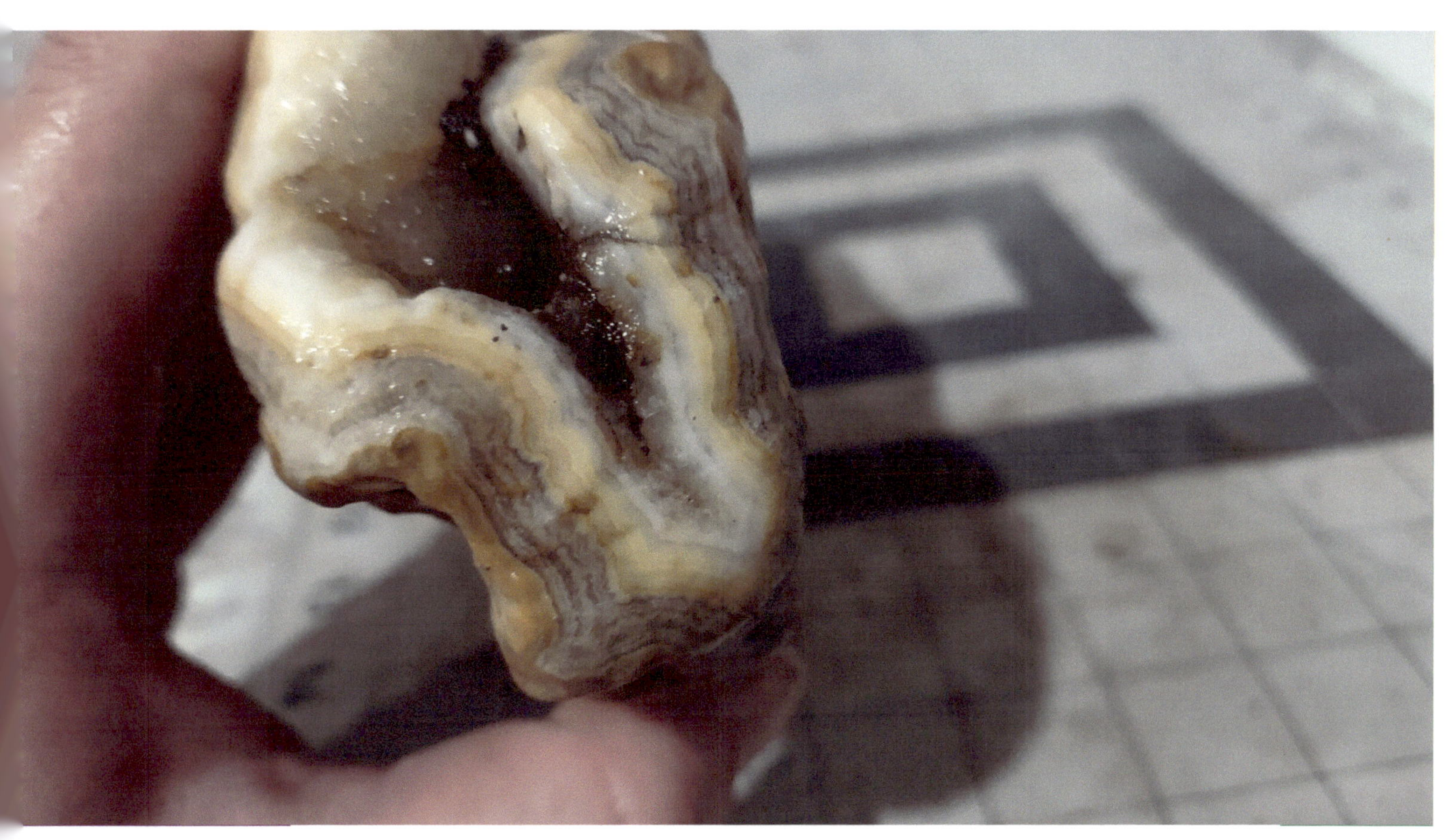

⚠ CAUTION Avoid cutting repeatedly in the same spot or with excessive pressure to avoid cut through. Avoid extreme cold, heat and direct sunlight.
⚠ MISE EN GARDE Évitez de couper à maintes reprises au même endroit ou en exerçant une pression excessive pour ne pas fendre le tapis de coupe. Évitez le froid extrême, la chaleur et la lumière directe du soleil.
⚠ PRECAUCIÓN Evite cortar repetidas veces en el mismo lugar o ejercer demasiada presión para evitar atravesarla. Evite el frío y el calor extremos y la luz solar directa.

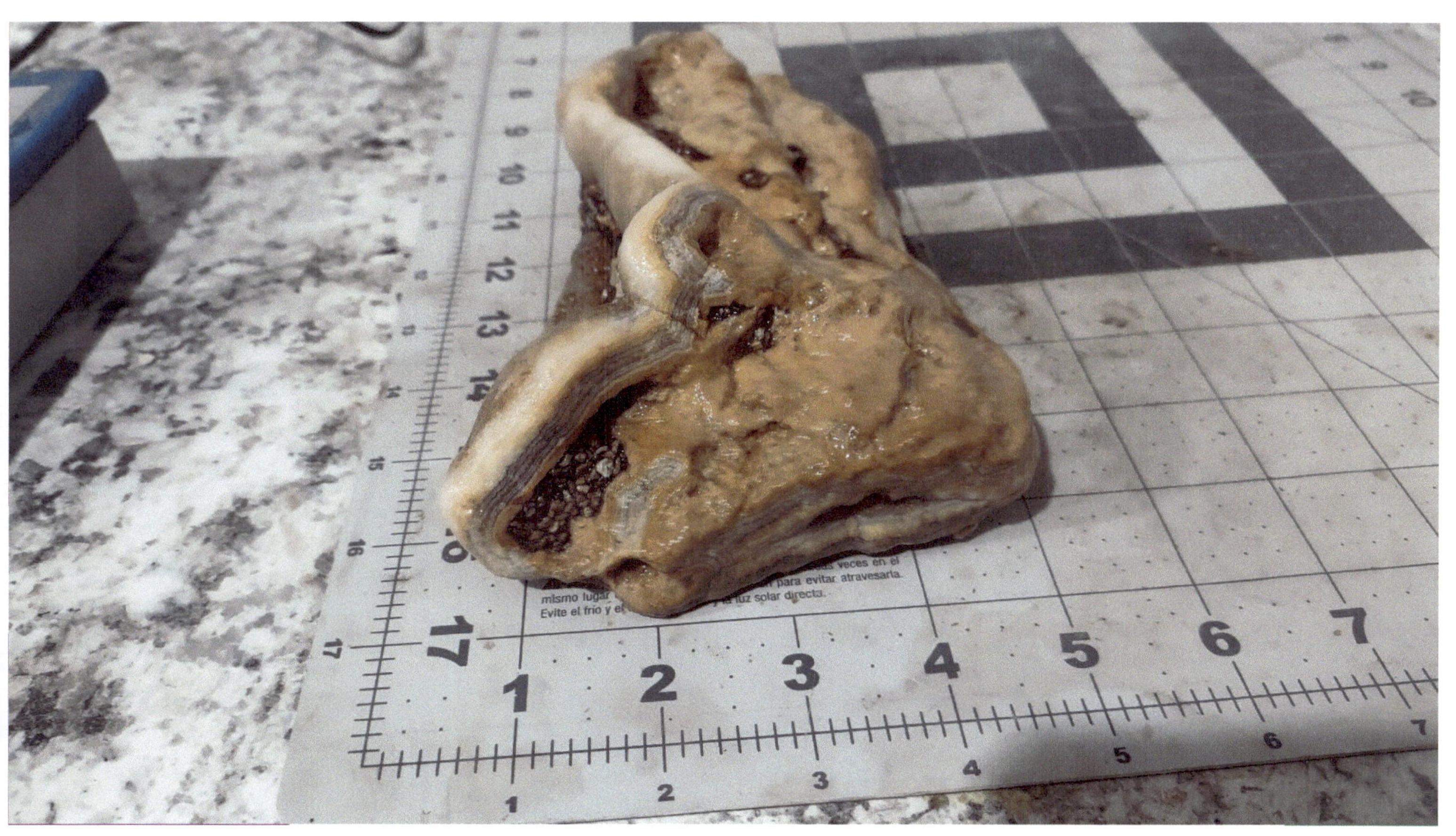